Vera Smirnova

In Russian?
With Pleasure!

Grammar workbook & exercises
Book 1

English version

2017

© 2017 Vera Smirnova
© 2017 Vera Smirnova & Co – EWIS

No part of this publication may be reproduced by any means without the permission of Vera Smirnova and copyright holders.

Editor: A. Efendieva
Design: Adem
Pictures: Vera Smirnova & Co – EWIS

This grammar workbook is an annex to the textbook «In Russian? With pleasure!», book 1. It covers grammatical material used for speech skills pursuant to the topics of the textbook lessons.
Each lesson in the grammar workbook corresponds to a lesson of the textbook «In Russian? With pleasure!». Each lesson gives a detailed explanation of the studied topics of grammar, followed by exercises.
At the end of the grammatical workbook the keys to the exercises are given, as well as the tables of studied cases of nouns, adjectives, personal pronouns and the use of prepositions.
This grammar workbook does not give a total review of the grammar of the Russian language. It covers exclusively the grammatical material, needed for the study of the topics of the book 1 «In Russian? With pleasure!».
«The grammar workbook & exercises, Book 1» exists in an English version and in a French version.

The textbook «In Russian? With pleasure!» is intended for adults beginning to study Russian, as a foreign language.
It can be used both in the conditions of a multilingual environment and in a Russian-speaking environment. Book 1 - the first part of three - is designed for 60-70 hours of lessons with a teacher in groups of multilingual students or for self-study with a view to reviewing. The structure and the submission of material correspond to level A1 in the European system of references CECRL.

The present textbook has been checked in the multilingual environment of Brussels. It has been used for a few years in the Russian language courses in Brussels at the school "Vera Smirnova Co - East-West Information Services", in the evening courses in Institut Libre Marie Haps, as well as in various companies and organisations.

We would like to express our sincere gratitude to Richard Wapensky and Ellen Townsend for their help with the English version.

Vera Smirnova

ISBN 978-2-930549-09-5
Vera Smirnova & Co-EWIS
200 Avenue de la Chasse
1040 Bruxelles, Belgique

Dépôt légal : D/2017/11.749/2

CONTENTS

	Page
Phonetic lesson	4
Lesson 1	5
Lesson 2	8
Lesson 3	9
Lesson 4	11
Lesson 5	12
Lesson 6	13
Lesson 7	15
Lesson 8	17
Lesson 9	19
Lesson 10	21
Lesson 11	23
Keys to exercises	25
Table of noun declensions : nominative, accusative, prepositional	30
Adjectives : nominative	31
Numbers : cardinal and ordinal	32

Фонетический урок   **Phonetic lesson**

THE ALPHABET

In the Russian language there are 33 letters:

Consonants

voiced	Б В Г Д Ж З	Л М Н Р
voiceless	П Ф К Т Ш С	Х Ц Ч Щ

Vowels

А О У Э Ы
Я Ё Ю Е И

A hard sign   Ъ
A soft sign   Ь

A semi-vowel   Й

PRONUNCIATION

All the letters of the alphabet have a sound, except the hard sign «Ъ» and the soft sign «Ь» which are not pronounced.

Consonants which are followed by the vowels А О У Э Ы remain hard.

МА – ПО – СУ – РЭ - ЛЫ

Consonants which are followed by the vowels Я Ё Ю Е И become soft.

МЯ – ПЁ – СЮ – РЕ – ЛИ

We pronounce the vowels	as	
Я Ё Ю Е	ЙА ЙО ЙУ ЙЭ	- at the beginning of the word : ЯМА, ЁЛКА, ЮБКА, ЕЛИ - after another vowel : МОЯ, МОЁ -after the soft sign "Ь" and the hard sign "Ъ": СЕМЬЯ, ОБЪЕКТ

The soft sign «Ь» which always follows a consonant, softens this consonant and separates it in the pronunciation of the vowels **Я Ё Ю Е**.

ДЕНЬ   СЕМЬЯ

The hard sign «Ъ» is always put after a consonant and serves to keep the consonant hard and to separate it in the pronunciation of the vowels **Я Ё Ю Е**.

ОБЪЁМ   ОБЪЯВЛЕНИЕ

-ого/ -его in the endings of adjectives, the pronouns and the certain words are pronounced as [–ово/-ево]

ЕГО   КОГО   СЕГОДНЯ   НИЧЕГО

STRESS

The Russian stress has no fixed place. It can change position.
The vowel in the stressed syllable is pronounced very clearly. In other syllables the vowels are pronounced less clearly.
The more the syllable is taken away from the stressed vowel, the less clearly it is pronounced.

If the stress is not on the vowel О, it is pronounced as А.

$$ОНА = [АНА]$$

If the stress is not on the vowel Е, it is pronounced as И.

$$ТЕАТР = [ТИАТР]$$

PRACTICAL ADVICE

When we address children, friends etc we use
    the first name   or the diminutive of the first name
    ИРИНА   ИРА
    АЛЕКСАНДР   САША

When we address adults, official people etc we use
    the first name and the patronymic (the first name of the father)
    ОЛЬГА   ИВАНОВНА
    ВИКТОР   ПЕТРОВИЧ

In Russian, we use a formal address for an unknown person, an older person and in official situations.

We use an informal address in the family, between friends and with children.

Урок 1 / Первый урок   Lesson 1

1. There are no articles in the Russian language.

2. When we present a person or an object, the verb «to be» is omitted in the present.

    Это Виктор.   Он программист.
    Это карандаш.

Это – is a demonstrative.

If in the sentence there are two nouns (the subject and the predicate are nouns) we put one «-» (dash) between them
    Виктор – программист. Татьяна – историк.

3. When the question concerns people or animals («animate» nouns), we use the interrogative word **Кто?**
    Кто это? Это Виктор. **Кто** это? Это собака Тобик.

When the question concerns an object («inanimate» nouns), we use the interrogative word **Что?**

    Что это?   Prononciation [што]   Это дом.

4. To confirm or express an agreement, we use the word **Да**

    Это Татьяна? Да, это Татьяна.
    Она юрист? Да.

To express a negation, we use the word **Нет**

        Это ресторан? Нет.

In sentences with negation, it is necessary to use the particle **НЕ** before the negated word.

        Это Игорь? **Нет**, это **не** Игорь, это Виктор.

5. There are personal pronouns :

	Sing.	Pl.
1.	Я	МЫ
2.	ТЫ	ВЫ, Вы
3.	ОН, ОНА, ОНО	ОНИ

ОН – masculine   ОНА - feminine   ОНО - neuter   ОНИ – plural for all genders.
Вы is a form of politeness. It begins with the capital letter.

6. In the Russian language, nouns are divided into three genders: masculine, feminine and neuter.
The gender of nouns is determined by the basic form - the nominative case.
The ending indicates the gender:

ОН	ОНА	ОНО
Брат	Сестра	Метро
Телефон	Лампа	Бюро
Музей	Газета	Письмо
Чай	Семья	Море
Учитель	Организация	Кафе
Словарь	Мать	
Ø, -й, -ь	**-а, -я, -ь**	**-о, -е**

Masculine nouns end in any consonant (ending Ø), Й or Ь.
        Дом   Музей   Словарь
Feminine nouns end in А, Я or Ь
        Лампа   Семья   Мать
Most neuter nouns end in О, Е
        Окно   Море

There are exceptions. Nouns which indicate men, thus they are masculine gender, but they carry the ending А.
        Юноша   Мужчина   Папа   Дядя   Дедушка
As well as the diminutives of the male first names
        Витя   Саша etc.

The word ТАКСИ is neuter.
The word КОФЕ which indicates the drink is masculine.

The masculine noun can be replaced by the personal pronoun **ОН**, the feminine by **ОНА**, the neuter by **ОНО**. The plural is replaced by **ОНИ** independent of the gender.

Это Виктор? Да, это он. Это книга? Да, это она. Это письмо? Да, это оно. Это книги, письма и журналы? Да, это они.

7. The conjunction **И** corresponds to AND in English.

УПРАЖНЕНИЯ / EXERCICES

A. Ask the questions : Кто это? Что это?

1. Это музей. ……………? 2. Это телефон. ……………?
3. Это юноша. ……………? 4. Это студент. ……………? 5. Это стол. …………?
6. Это Виктор. ……………? 7. Это документ. ……………?
8. Это реклама. ……………? 9. Это профессор. ……………? 10. Это директор. ……………?
11. Это брошюра. ………………? 12. Это Татьяна. ……………?
13. Это машина. ……………? 14. Это секретарь. ……………? 15. Это письмо. ……………?
16. Это журналист. ……………? 17. Это программа. ……………? 18. Это бабушка. ……………?
19. Это дедушка. ……………?

Б. Give the affirmative answers. Это письмо? Да, это письмо.

1. Это Виктор? ……………………… . 2. Это ресторан? ……………………… .
3. Это Анна Ивановна? ……………………… . 4. Это секретарь? ……………………… .
5. Это музей? ……………………… . 6. Это банк? ……………………… .
7. Это магазин? ……………………… . 8. Это зал? ……………………… .

В. Give the negative answers. Это Иван? Нет, это не Иван.

1. Это директор? ……………………… . 2. Это центр? ……………………… .
3. Это библиотека? ……………………… . 4. Это институт? ……………………… . 5. Это Пётр Иванович? ……………………… . 6. Это клуб? ……………………… .
7. Это кафе-интернет? ……………………… . 8. Это магазин? ……………………… .

Г. Give the negative answers. Вы студент? Нет, я не студент.

1. Вы артист? ……………………… . 2. Вы журналист? ……………………… .
3. Вы юрист? ……………………… . 4. Вы директор? ……………………… .
5. Вы программист? ……………………… . 6. Вы банкир? ……………………… .
7. Вы дипломат? ……………………… . 8. Вы секретарь? ……………………… .

Д. Determine the gender by using ОН ОНА ОНО.

1. Опера …… 2. Отец …… 3. Семинар …… 4. Театр …… 5. Бабушка …… 6. Касса ……
7. Море …… 8. Банк …… 9. Билет …… 10. Словарь …… 11. Дедушка …… 12. Письмо ……
13. Фирма …… 14. Папа …… 15. Мать …… 16. Журнал …… 17. Юноша …… 18. Метро ……
19. Такси …… 20. Семья …… 21. Музей …… 22. Дочь …… 23. Кафе …… 24. Кофе ……

Е. Replace nouns by ОН ОНА ОНО ОНИ. Татьяна здесь? Да, она здесь.

1. Виктор – студент? Да, …… студент. 2. Андрей - директор? Да, … директор . 3. Ирина Петровна – психолог? Да, …… психолог . 4. Письмо здесь? Да, …… здесь. 5. Татьяна и Олег сейчас дома? Да, …… дома. 6. Это Катя? Нет, это не ……. . 7. Максим – программист? Нет, ….. не программист.

8. Это Вика? Да, это …… 9. Это Иван Петрович? Да, это … 10. Это Ирина и Ольга? Да, это …. 11. Это Витя? Нет, это не ….. 12. Это Дима? Нет, это не …. 13. Это Валентина? Нет, это не ……

Урок 2 / Второй урок Lesson 2

1. To know someone's first name we ask the question
       Как Вас зовут? Как тебя зовут?
   The answer is
       Меня зовут Татьяна.

   Вас, тебя, меня are the personal pronouns in the accusative.

Nominative	- Accusative	Nominative	- Accusative
Я	- меня	Мы	- нас
Ты	- тебя	вы/Вы	- вас/Вас
Он	- его	Они	- их
Она	- её		

2. Plural of nouns.

Masculine and feminine nouns ending with the hard basis (журнал, газета) form the plural by adding the ending **ы**.

       Журнал – журна**лы**
       Газета – газе**ты**

Masculine and feminine nouns ending with the soft basis (словар**ь**, тетрад**ь**) and masculine nouns wich end in **й** form the plural by replacing **ь** and **й** with the ending **и**.

       Словарь – словар**и**
       Тетрадь – тетрад**и**
       Музей – музе**и**

The consonants **Г, К, Х, Ж, Ш, Ч, Щ** are always followed by **И**. There is never **Ы** after these consonants.

       Книги Ручки Врачи Этажи

Neuter nouns with the hard basis (окно) form the plural by replacing the ending **о** by **а**.
Neuter nouns with the soft basis (море) form the plural by replacing the ending **е** by **я**.

       Окно – окн**а**
       Море – мор**я**

Remember the exceptions:

Дом – дома	Друг – друзья	Мать – матери	Человек - люди
Город – города	Брат – братья	Дочь - дочери	Ребёнок - дети
Паспорт – паспорта	Стул – стулья		
Адрес – адреса	Сын – сыновья		
Профессор – профессора	Муж – мужья		
Директор – директора			

Several nouns of the neuter gender dont change: метро, пальто, радио, кафе, такси и др.

3. The conjunction **а** indicates the opposit.
       Это не профессор, а студент.

УПРАЖНЕНИЯ / EXERCICES

A. Answer the questions by using the first names: Иван, Татьяна, Дима, Ирина Викторовна, Катя и Саша

   1. Как Вас зовут? ....
   2. Как тебя зовут? ....
   3. Как его зовут? ....
   4. Как её зовут? ....

5. Как их зовут? ....
6. Как вас зовут? ....

Б. Put the words in the plural :

1. Стол .... 2. Ресторан .... 3. Магазин .... 4. Студент ....
5. Документ .... 6. Билет .... 7. Телефон .... 8. Театр ....
9. Факт .... 10. Зал .... 11. Журнал .... 12. Факс ....

13. Музей .... 14. Герой .... 15. Трамвай .... 16. Кафетерий ....
17. Словарь .... 18. Преподаватель .... 19. Представитель ....
20. Портфель ....

21. Кассета .... 22. Газета .... 23. Машина .... 24. Комната ....
25. Фирма .... 26. Квартира .... 27. Касса ....
28. Школьница .... 29. Реклама .... 30. Брошюра ....
31. Семья .... 32. Организация .... 33. Станция .... 34. Делегация ....
35. Презентация .... 36. Дядя .... 37. Профессия ....

38. Тетрадь .... 39. Площадь .... 40. Лошадь ....

41. Карандаш .... 42. Банк .... 43. Гараж .... 44. Врач ....
45. Плащ .... 46. Книга .... 47. Ручка .... 48. Студентка ....

49. Окно .... 50. Письмо .... 51. Кресло ....
52. Море .... 53. Задание .... 54. Упражнение ....

55. Адрес .... 56. Директор .... 57. Дом .... 58. Паспорт .... 59. Профессор .... 60. Город ....
61. Брат .... 62. Стул .... 63. Друг .... 64. Муж ....
65. Сын ....
66. Мать .... 67. Дочь ....
68. Человек .... 69. Ребёнок ....
70. Пальто .... 71. Радио .... 72. Кафе .... 73. Такси ....

Урок 3 / Третий урок — Lesson 3

Possessive pronouns.

	Друг	Подруга	Письмо	Друзья, подруги, письма
	Чей?	Чья?	Чьё?	Чьи?
Я	Мой	Моя	Моё	Мои
ТЫ	Твой	Твоя	Твоё	Твои
ОН	Его	Его	Его	Его
ОНА	Её	Её	Её	Её
МЫ	Наш	Наша	Наше	Наши
ВЫ	Ваш	Ваша	Ваше	Ваши
ОНИ	Их	Их	Их	Их

The possessive of 1st and 2nd person of the singular and the plural agree in gender and number with the nouns. (As in French)

Это мой сын. Это твоя дочь. Это наши книги. Это ваши документы.

9

The form of the possessive of the 3rd person singular and plural depends on the owner. Their forms dont change. (As in English)

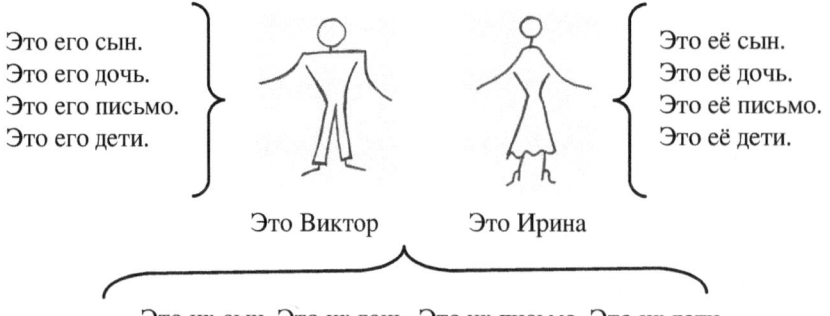

To ask «Who does it belong to?» in Russian, we use the interrogative pronouns.
Чей? Чья? Чьё? Чьи?
These interrogative pronouns agree in gender and number with the nouns.

Чей это журнал? Чья это книга? Чьё это пальто? Чьи это документы и книги?

УПРАЖНЕНИЯ / EXERCICES

А. Ask questions : Это моё пальто. Чьё это пальто?
1. Это моя книга. ………………………? 2. Это твой журнал. ………………………?
3. Это ваше письмо. …………………? 4. Это наши паспорта. …………………?
5. Это его дом. ………………………? 6. Это её пальто. ………………………?
7. Это их дети. ………………………? 8. Это мои дочери. ………………………?
9. Это его подруга. ……………………? 10. Это наша машина. …………………?

Б. Write the possessive : Это я. Это мой дом.
(а) Это я
Это …… дом. Это ……. машина. Это …….. комната. Это ….. стол. Это ……. компьютер. Это …. книги. Это …… пальто.
(б) Это ты.
Это …. билет. Это ….. виза. Это ….. программа. Это ….. дело. Это …… документы. Это ….. книга.
(в) Это Виктор.
Это …… друзья. Это …… жена. Это ….. дети. Это …. проблемы. Это ……. фирма.
(г) Это Татьяна
Это ….. дети. Это ….. дом. Это ….. косметика. Это …. пианино. Это ….. фотография.
(д) Это мы.
Это ….. машина. Это …. сын. Это ….. дочь. Это …. семья. Это …. книги.
(е) Это вы.
Это …. коллеги. Это ….. дела. Это ….. директор. Это ….. секретарь. Это … проект. Это …. виза.
(ё) Это они.
Это …. офис. Это …. здание. Это ….. работа. Это …. проблемы. Это …. планы. Это …. реклама.

В. Answer affirmatively. Stress the possessive : - Это <u>твоя</u> книга? – Да, <u>моя</u>.
1. Это твой телефон? …………………… 2. Это Ваша ручка? ……………………
3. Это его фотография? ………………… 4. Это наши билеты? ……………………
5. Это её сын? …………………………… 6. Это моя книга? ………………………
7. Это твоя собака? ……………………… 8. Это ваш офис? ………………………
9. Это их директор? ……………………… 10. Это его проект? ……………………

Г. Answer : Чей это журнал? (я) – Это мой журнал.
1. Чей это компьютер? (ты) .... 2. Чья это брошюра? (я) ....
3. Чьё это пальто? (он) .... 4. Чьи это книги? (мы) ....
5. Чья это машина? (она) .... 6. Чей это словарь? (он) ....
7. Чьё это письмо? (они) .... 8. Чьи это проблемы? (вы) ....
9. Чей это адрес? (я) .... 10. Чей это дедушка ? (они) ....

Урок 4 / Четвёртый урок   Lesson 4

1. Conjugation of the verbs. The present.
The verb in Russian has three tenses: the present, the past and the future.
The infinitive of the verb ends with - **ть** (читать), - **ти** (идти). Certain verbs end with - **чь** (мочь).
In Russian there are 2 groups of conjugation: I conjugation as the verb «**читать**» and II conjugation as the verb «**говорить**» (**See the lesson 5**)
The endings of the I conjugation in the present are:

Я читаю и пишу	- ю/у
Ты читаешь и пишешь	- ешь
Он/она читает и пишет	- ет
Мы читаем и пишем	- ем
вы/Вы читаете и пишете	- ете
Они читают и пишут	- ют/ут

There is an alternation с/ш in the verb «**писать**». The same alternation you will see in some other verbs.
Писать: Я пи<u>ш</u>у Ты пи<u>ш</u>ешь Он/она пи<u>ш</u>ет Мы пи<u>ш</u>ем Вы пи<u>ш</u>ете Они пи<u>ш</u>ут

The verb answers the question «**Что делать?**»
    Маша, что ты делаешь? – Я читаю журнал.

In an interrogative sentence, there is an inversion of the subject, if this one is a noun or a proper noun. If the subject is a personal pronoun, there is no inversion.
    Что делает дедушка?   Что делает Маша?
    Что ты делаешь?

In the interrogative sentence of the type «**Кто читает журнал?**», the verb is always in the 3rd person singular. The answer can be in the plural.
    Кто слушает радио? – Мы слушаем радио.

In the polite form, the verb is always in the 2nd person plural.
        Вы пишете роман?   Когда Вы работаете?

2. The question « Когда?» is used to indicate the moment when the action takes place.
    Когда вы работаете? – Я работаю днём.

« Когда» can be the conjunction which introduces the subordinate clause of time.
    Когда Виктор отдыхает, он читает книги и журналы.

УПРАЖНЕНИЯ / EXERCICES

A. Write pronouns :
1..... читаю журнал. 2. .... слушает радио. 3. ..... изучаем философию.
4. .... играют в теннис. 5. ..... делаешь упражнение? 6. ..... понимаете текст?
7. .... повторяет грамматику. 8. .... разговариваю по телефону. 9. .... ужинаем вечером.
10. Утром .... завтракают. 11. .... изучаешь русский язык?

Б. Answer the questions : Что делает Игорь? Он отдыхает, работает…
1. Что делает Виктор? ………………………………………………………
(Читать журнал, играть в теннис, слушать джаз, изучать математику)
2. Что делают дети? ………………………………………………………….
(Читать книги, делать упражнения, играть на компьютере)
3. Что делает твоя сестра?...
(Разговаривать по телефону, писать письмо, слушать музыку)
4. Что вы делаете?...
(писать мемуары, посылать факсы, много работать, ничего не делать)
5. Что ты делаешь? ……………………………………………………………
(Повторять грамматику, разговаривать, слушать музыку, читать тексты)

В. Answer the questions : Виктор <u>читает</u>? – Да, Виктор читает.
                      Что он <u>делает</u>? – Он читает.
                      <u>Кто</u> читает? – Виктор.

1. Анна пишет письмо? - ………….
   Что делает Анна? - ……………
   Кто пишет письмо? - …………..

2. Игорь читает документ? - ……………..
   Что делает Игорь? - ………………….
   Кто читает документ? - ………………

3. Они играют в теннис? - ………….
   Что они делают? - ……………….
   Кто играет в теннис? - …………..

4. Секретарь посылает факс? - ………….
   Что делает секретарь? - ……………..
   Кто посылает факс? - ………………..

Г. Ask questions relating to the underlined words : <u>Ирина</u> читает. – Кто читает?
                                          Ирина <u>читает</u>. – Что делает Ирина?

1. <u>Дедушка</u> пишет мемуары. - ……………..?
   Дедушка <u>пишет</u> мемуары. - …………..…?

2. Они <u>слушают</u> радио. - ……………..?
   <u>Они</u> слушают радио. - ………………?

3. <u>Директор</u> думает. - …………………….?
   Директор <u>думает</u>. - ……………………?

4. Студенты <u>отвечают</u>. - ……………….?
   <u>Студенты</u> отвечают. - ………………..?

Д. Answer the questions :
1. Когда Вы отдыхаете? Утром или вечером? ……………………….
2. Когда ты ужинаешь? ……………………
3. Что вы делаете, когда вы отдыхаете? ……………………………….

Урок 5 / Пятый урок   Lesson 5

1. The verbs of II conjugation are of the type «говорить»
The endings of II conjugation in the present are

Я говорю	- ю/у
Ты говоришь	- ишь
Он/она говорит	- ит
Мы говорим	- им
вы/Вы говорите	- ите
Они говорят	- ят/ат

The verb «**любить**» has a peculiarity (certain other verbs also have this peculiarity) :
The consonant «л» appears in front of the ending only in the 1st person singular.

    Я люблю   Ты любишь   Он/она любит   Мы любим   Вы любите   Они любят

2. The adverbs.
Most of the adverbs characterize the verb and define the way the action takes place. Most of the adverbs have the ending «о».

One of the questions the adverb might answer is the question « **Как?** »

Как ты говоришь по-русски? – Я говорю по-русски **хорошо**.

Как вы работаете? – Я работаю **много**.

УПРАЖНЕНИЯ / EXERCICES

А. Conjugate the verbs :

1. Любить   2. Смотреть   3. Говорить

....
....
....
....
....
....

Б. Give the affirmative answers : Вы работаете хорошо? – Да, хорошо.

1. Вы говорите по-английски хорошо? – Да, ... 2. Вы читаете быстро? - ....
3. Вы много работаете? - .... 4. Говорить по-русски трудно? .... 5. Изучать историю интересно? .... 6. Слушать музыку приятно? ....

В. Answer the questions :

1. Как Вы работаете? .... 2. Как Вы пишете? .... 3. Как Игорь отдыхает? .... 4. Как они говорят по-русски? ....
5. Как Ирина читает по-английски? ....

Урок 6 / Шестой урок — Lesson 6

Revision

А. Conjugate the verbs (lessons 4 and 5) :

1. Любить   2. Смотреть   3. Говорить   4. Читать   5. Слушать

6. Отдыхать   7. Работать   8. Думать   9. Понимать   10. Писать

11. Знать   12. Посылать   13. Спрашивать   14. Завтракать   15. Играть

16. Изучать	17. Делать	18. Получать	19. Обедать	20. Повторять
....	....	....	....	....
....	....	....	....	....
....	....	....	....	....
....	....	....	....	....
....	....	....	....	....

21. Ужинать	22. Разговаривать	23. Отвечать	24. Уметь
....	....	....	....
....	....	....	....
....	....	....	....
....	....	....	....
....	....	....	....

Б. Write the personal and possessive pronouns (lessons 2 and 3) :
1. Это мой друг Виктор. По профессии ...... инженер. 2. Это ...... жена. 3. ...... зовут Ирина.
4. ...... археолог. 5. Это .... дети. 6. Это ...... сын. 7. .... зовут Максим. 8. .... студент.
9. А это ...... дочь. 10. .... зовут Татьяна. 11. ..... школьница. 12. Это .... собака.
13. .... зовут Альфа. 14. А это я. .... зовут Сергей. 15. .... по профессии инженер.
16. Это .... фирма «Россия: импорт – экспорт».

В. Write the interrogative pronouns (lesson 3) : Чей? Чья? Чьё? Чьи?
1. ..... это адрес? 2. ..... это книга? 3. ..... это пальто? 4. ..... это дети? 5. .... это собака? 6. .... это письмо?
7. .... это дом? 8. ..... это машина? 9. .... это билет? 10. .... это брошюры?

Г. Write the adverbs with the opposite meaning (lesson 5) :
1. Легко - ....   2. Интересно - ....   3. Много - ....
4. Приятно - ....   5. Правильно - ....   6. Хорошо - ....
7. Красиво - ....   8. Быстро - ....   9. Давно ....

Д. Write in the plural (lesson 2) :
1. Журнал .... 2. Газета .... 3. Окно .... 4. Море ....
5. Портфель .... 6. Тетрадь .... 7. Книга .... 8. Врач ....
9. Дом .... 10. Метро .... 11. Город .... 12. Человек ....
13. Брат .... 14. Сестра .... 15. Дочь .... 16. Паспорт ....
17. Музей .... 18. Друг .... 19. Ребёнок .... 20. Семья ....

Е. Ask a question for subject and give an answer (lesson 4) :
1. Пётр пишет документ. ....?...............
2. Дети играют в теннис. ....?...............
3. Я разговариваю по телефону. ....?.........
4. Они делают гимнастику. ....?............

Ё. Ask questions to each word in the sentence (all lessons):
Вечером Антон хорошо отдыхает.
1. ....
2. ....
3. ....
4. ....

Ж. Give an answer (all lessons) :
1. Как Вас зовут? ....
2. Как Ваша фамилия? ....
3. Кто Вы по профессии? ....
4. Что Вы любите делать вечером? ....

5. Что Вы делаете, когда Вы работаете? ……………………
6. Как Вы говорите по-французски? ………………………
7. Когда Вы отдыхаете? ………………………………………

Урок 7 / Седьмой урок — Lesson 7

1. Declension system

Nouns, pronouns, adjectives and numbers are declined in Russian. The adverb remains unchangeable.
The declension indicates the role that the name plays in the sentence.
In the Russian language there are 6 cases: nominative I, genitive II, dative III, accusative IV, instrumental V, prepositional VI.
For practical reasons, the learning of the declensions will be done in a different order.

Nominative (I): the nominative answers the question «Кто?» and «Что?». You already know these forms of nouns.
    Кто это? Это **Виктор**. Кто он по профессии? Он **инженер**.
    Виктор читает книгу. Это его **компьютер**. Здесь его **машина**.

The nominative is never used with a preposition. It indicates the initial form of the word, from which other cases can be formed. To find a noun in a dictionary, you must know its initial form - the singular nominative.

2. Accusative (IV) of the nouns designating the subject-matter of the action

One of the functions of the accusative case (IV) is to designate the object of the action. We will study this function.
To designate the object of the action, the accusative is used without a preposition after transitive verbs*.
In this case, we ask the question «Что? ». The question and answer will be:
    Анна читает **книгу**. - **Что** читает Анна? - **Книгу**.
    Дети смотрят **фильм**. - **Что** смотрят дети? - **Фильм**.
    Виктор пишет **письмо**. - **Что** пишет Виктор? - **Письмо**.

Here are the endings of the accusative of the nouns designating the objects :

	Nominative Именительный падеж Что это?	Accusative Винительный падеж Что ты читаешь?	
M	Журнал Документ Концерт	Я читаю журнал Я пишу документ Я слушаю концерт	As the nominative Как именительный
N	Письмо	Я пишу письмо	As the nominative Как именительный
F	Газет**а** Музык**а** Стать**я** Лекц**ия** Площад**ь**	Я читаю газет**у** Я слушаю музык**у** Я пишу стать**ю** Я слушаю лекц**ию** Я люблю эту площад**ь**	- **а** → - **у** - **я** → - **ю** As the nominative Как именительный
PL	Журнал**ы** и газет**ы** Письм**а** Лекц**ии**	Я читаю журнал**ы** и газет**ы** Я пишу письм**а** Я слушаю лекц**ии**	As the nominative Как именительный

As you can see, in the accusative, only feminine nouns ending in «а» or «я» change endings.
    « **А** » becomes «**У**» and «**Я**» becomes «**Ю**».
    The feminine which ends with «Ь» remains as in the nominative.

---
* The transitive verbs are always used with the accusative without a preposition. (The accusative without a preposition is called COD)

Masculine inanimate nouns and neutral nouns, as well as the plural of inanimate nouns, keep the original form as in the nominative.

3. To express the meaning «to have» (person or object), we use a structure formed with the verb «есть», which is the unique form of the verb in the present. Retain this structure to express the notion of having:

У вас **есть** дети? – Да, у нас **есть** дети
У тебя **есть** машина? – Да, **есть**.

The words «дети», «машина» are in the nominative. «У вас», «У тебя» are personal pronouns in the genitive with the preposition «У».

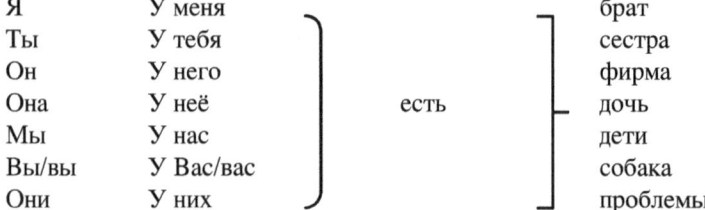

Я	У меня		брат
Ты	У тебя		сестра
Он	У него		фирма
Она	У неё	есть	дочь
Мы	У нас		дети
Вы/вы	У Вас/вас		собака
Они	У них		проблемы

When you want to ask «Who has ......? «, in Russian we ask the question» У кого есть ......? «. «Кого» is the genitive of «Кто? «..

У кого есть словарь? – У меня есть словарь. У кого есть книги? – У меня.

4. The number 1 - один - has three genders and the plural. It indicates the quantity and it also means «alone»:
M - один; F - одна; N - одно; Pl - одни.
Виктор один смотрит телевизор. Татьяна обедает одна. Здесь одно письмо. Дети дома одни

УПРАЖНЕНИЯ / EXERCIC.ES

A. Put the words in the accusative :
1.Что читает Виктор?   Журнал, роман, детектив, газета, письмо, документ, факс, брошюра.
....
2.Что слушает Анна?   Музыка, радио, рок, джаз, опера.
....
3.Что изучают студенты? История, химия, физика, математика, языки, политика.
....
4.Что вы любите смотреть? Фильмы, балет, спектакль, пьеса, телевизор.
....
5.Что пишет Татьяна?   Письмо, книга, роман, факс, сценарий, документ.
....
6.Что ты любишь?   Спорт, книги, астрология, машины, пиво, шампанское, музыка.
....

Б. Put pronouns in the correct form :
1. (Я) У .... есть книги. 2. (Он) .... есть машина. 3. (Мы) .... дом.
4. (Ты) .... есть билеты? 5. (Вы) .... есть вопросы? 6. (Они) .... есть проблемы.
7. (Она) .... есть диплом. 8. (вы) .... есть словарь?

B. Ask questions : Словарь. У кого есть словарь?
1. .... документ? 2. .... ручка? 3. .... телевизор?
4. .... программа? 5. .... вопросы? 6. .... брошюры?
7. .... собака? 8. .... газета? 9. .... телефон?

Г. Write : один/одна/одно/одни
1. Здесь .... компьютер. 2. У него есть .... проблема. 3. Дети дома .... 4. У неё есть .... билет.
5. Татьяна .... смотрит фильм. 6. У него .... пальто.

Урок 8 / Восьмой урок — Lesson 8

1. Prepositions « В » et « НА ».

The preposition « **В** » means « inside ».
  Антон в ресторане. Врач работает в клинике.
  Документ в шкафу. Дети гуляют в парке.

The preposition «В» should be used when dealing with countries and cities.
В России. В Бельгии. Во Франции. В Италии. В Америке.
В Москве. В Петербурге. В Брюсселе. В Париже. В Риме. В Вашингтоне.

The preposition «НА» means «on».
  Книга на столе. Газета на стуле.

The preposition «НА» should be used in reference to an event, or something that is organized.
  Студенты сейчас **на лекции**. Директор **на конференции**.
  Татьяна **на спектакле**. Антон **на концерте**.

The preposition «НА» should be used in the case of small islands (island states or territories).
  На Кубе. На Кипре. На Фиджи. На Майорке.

But when it comes to continents or large islands, it is necessary to use « **В** ».
  В Австралии. В Англии. В Японии.

Exceptions to remember!
На работе   На почте   На стадионе   На фабрике   На заводе   На вокзале   На станции   На улице

2. The question « Где?»

To determine where a person or object is located, the question is « **Где?** »
  Где книга? – Книга здесь. Где магазин? – Магазин там.

3. The prepositional (VI) of nouns

One of the functions of the prepositional case (VI) is to determine the location of a person or object. We will study this function.
To answer the question «Где? (Where ...), we use the prepositional case (VI) with the prepositions «**В**» or «**НА**».
Here are the endings of the Prepositional (VI) case of the nouns.

	Что ?	Где?	**Prepositional**
M	стол	в/на стол**е**	
	музей	в музе**е**	
	словар**ь**	в словар**е**	**-Е**
	квартир**а**	в квартир**е**	
F	семь**я**	в семь**е**	
	письм**о**	в письм**е**	
N	мор**е**	на мор**е**	
M	Санатор**ий**	В санатор**ии**	
F	Аудитор**ия**	В аудитор**ии**	**-ИИ**
N	Здан**ие**	В здан**ии**	
F	Площад**ь**	На площад**и**	**-И**
	Город**а**	В город**ах**	
	Портфел**и**	В портфел**ях**	
PL	Мор**я**	В мор**ях**	**-АХ/-ЯХ**
	Аудитор**ии**	В аудитор**иях**	
	Здан**ия**	В здан**иях**	

Here are some exceptions to remember. It is the masculine nouns that take the ending «у» to the prepositional when it is necessary to answer the question «где».

В аэропорту   В шкафу   На мосту   В саду   На берегу   В лесу

4. In Russian there is a large group of pronominal verbs which ends with the particle «-ся».
Встречаться   Заниматься   Учиться   Находиться

To conjugate these verbs, first conjugate the part without particle «-ся» and add the particle at the end. The particle «-сь» must be added to the first person of the singular and the second person of the plural, because the ending is a vowel. We must also add this particle to the past form of the verb in the feminine, neutral and plural for the same reason. In other cases, the particle «-ся» must be added.

Встречать-ся
Я встречаю-сь   Мы встречаем-ся
Ты встречаешь-ся   Вы встречаете-сь
Он/Она встречает-ся   Они встречают-ся

УПРАЖНЕНИЯ / EXERCICES

А. Put the preposition « В » or « НА ».

1. …. театре. 2. ….. банке. 3. …. институте. 4. ….. ресторане. 5. …. России. 6. …. клубе.
7. …. Москве. 8. …. магазине. 9. …. концерте. 10. …. конференции. 11. …. городе.
12. …. острове. 13. …. опере. 14. …. Брюсселе. 15. …. уроке. 16. …. работе. 17. … фабрике.
18. …. кафе. 19. … зале. 20. …. библиотеке. 21. …. улице. 22. … вокзале. 23. …. стадионе.
24. …. Кипре. 25. …. Бельгии. 26. …. Австралии. 27. …. Африке. 28. …. Азии. 29. …. море.

Б. Answer the questions :
1. Где работает Игорь? …………………………….. (фирма)
2. Где отдыхает семья? …………………………….(море)
3. Где живут ваши друзья? ……………………….(Россия)
4. Где ты читаешь журналы? …………………….(библиотека)
5. Где Максим и Татьяна сегодня вечером? ……………………… (концерт)
6. Где вы сегодня ужинаете? …………………….(ресторан)
7. Где сейчас делегация? ………………………….(вокзал)
8. Где студенты? ………………………………….(аудитория)
9. Где театр? ……………………………………….(площадь)
10. Где вы любите отдыхать? …………………….(горы)
11. Где есть информация? ……………………….(газеты и журналы)
12. Где документы? ……………………………….(шкаф)
13. Где машина? …………………………………..(мост)
14. Где работает дедушка? ……………………….(сад)
15. Где Татьяна? ……………………………………(аэропорт)
16. Где вы отдыхаете? …………………………….(берег)
17. Где гуляют дети? ………………………………(лес)

В. Conjugate the verbs :

Встречаться	Заниматься	Учиться
………………………..	………………………..	………………………..
………………………..	………………………..	………………………..
………………………..	………………………..	………………………..
………………………..	………………………..	………………………..
………………………..	………………………..	………………………..
………………………..	………………………..	………………………..

Г. Ask questions for underlined words: Где? Кто? Что? Что делает?

1. ………………………………? <u>Игорь</u> читает.
2. ………………………………? Татьяна учится <u>в университете.</u>
3. ………………………………? Максим <u>играет</u> в теннис.
4. ………………………………? Ирина пишет <u>письмо.</u>
5. ………………………………? Врач работает <u>в клинике.</u>
6. ………………………………? Мы <u>слушаем</u> музыку.
7. ………………………………? <u>Секретарь</u> посылает факсы.
8. ………………………………? Анатолий изучает <u>физику.</u>
9. ………………………………? Мы встречаемся <u>в ресторане.</u>
10. ………………………………? Театр находится <u>на площади.</u>
11. ………………………………? <u>Дирк</u> живёт в Бельгии.
12. ………………………………? Иван Иванович читает <u>газету.</u>

Урок 9 / Девятый урок — Lesson 9

1. The past tense of the verb.

In the Russian language, there are three tenses: the present, the past and the future. The present you already know.
In the Russian language, the verb is not conjugated in the past. It has three genders and the plural.
To form the verb in the past we must take the infinitive of the verb. Remove the ending ТЬ. Add to the part of the verb that remains (the theme) the suffix of the past Л and the gender ending (if needed): see the scheme.

		ОН	ОНА	РАДИО	ОНИ
Работать:	работа -	работа+л	работа+л+а	работа+л+о	работа+л+и

Смотреть:	Я смотрел/а	Мы	
	Ты смотрел/а	Вы	смотрели
	Он смотрел	Они	
	Она смотрела		

The verb «Быть» - «to be», is not used in the present, it is used in the past and the future.
   Сейчас я на работе. Вчера я была на работе, а вечером я была в театре.

2. Verbs, which have the suffix «-ОВА» in the infinitive, lose this suffix in the present. Instead of «-ОВА», the suffix «- У « appears. The past is formed from the infinitive, so we must keep the suffix «-ОВА».

Путешеств<u>ова</u>ть	Фотограф<u>ирова</u>ть
Я путешеству́ю	Я фотографиру́ю
Ты путешеству́ешь	Ты фотографиру́ешь
Он/Она путешеству́ет	Он/Она фотографиру́ет
Мы путешеству́ем	Мы фотографиру́ем
Вы путешеству́ете	Вы фотографиру́ете
Они путешеству́ют	Они фотографиру́ют
Путешеств<u>ова</u>л/а/о/и	Фотограф<u>ирова</u>л/а/о/и

3. Verbs « Идти » et « Ехать ».

The verb «**Идти**» means to go on foot. It designates movement towards a goal
   Утром я иду на работу. Вечером мы идём в кино.
The verb «**Ехать**» means movement using land transport towards a goal
   Сегодня мы едем в Париж. Утром мы едем на море.

The words which designate the means of transport are used in the prepositional case and introduced with the preposition «на».

Я еду на работу на машине/на автобусе/на метро/на трамвае/на велосипеде/на поезде

To ask with what means of transport someone moves towards a goal, we ask the question introduced by the word «Как… ».

Как вы едете на работу? – Я еду на автобусе.

The word that expresses the destination is in the accusative and introduced by the preposition «в» or «на» (the function of these prepositions is the same as that in lesson 8: «В» to express «in» and « На «to express» on «or for events)

Вечером мы идём на концерт. Днём они идут в ресторан. Утром Антон едет на поезде в Париж.

To ask the question «Where are you going?», we use the interrogative word «Куда?».

- Куда вы идёте вечером? – В кино. - Куда Антон едет утром? – На работу.

УПРАЖНЕНИЯ / EXERCICES

А. Put the verbs in the past tense : Читать – читал – читала – читало – читали
Быть - .... - .... - .... - ....
Работать - .... - .... - .... - ....
Говорить - .... - .... - .... - ....
Жить - .... - .... - .... - ....
Отдыхать - .... - .... - .... - ....
Посылать - .... - .... - .... - ....
Встречаться - .... - .... - .... - ....
Учиться - .... - .... - .... - ....

Б. Answer the questions :
1. Как Вы едете на работу? ....
....
(машина, автобус, велосипед, метро, поезд, такси, трамвай)

В. Answer the questions :
Куда ты идёшь сегодня вечером?
1. .... (театр) 2. .... (кино) 3. .... (концерт)
4. .... (лекция) 5. .... (дом) 6. .... (спектакль)
7. .... (работа) 8. .... (ресторан) 9. .... (библиотека)

Куда вы едете утром?
1. .... (море) 2. .... (Россия) 3. .... (горы)
4. .... (лес) 5. .... (экскурсия) 6. .... (аэропорт)
7. .... (конференция) 8. .... (парк) 9. .... (пляж)

Г. Ask questions for underlined words: Виктор едет на работу. Куда едет Виктор?
1. Игорь идёт домой. ....?
2. Они едут в горы. ....?
3. Делегация едет в аэропорт. ....?
4. Мы идём гулять в лес. ....?
5. Сегодня вечером мы идём в театр. ....?

Урок 10 / Десятый урок — Lesson 10

1. Adjectives

The adjective agrees with the name in gender, in case and in number.
To inquire about the characteristic of something or someone, questions are asked:

                Masculine   Feminine   Neuter   Plural pour tous les genres:
                Какой?   **Какая?**   **Какое?**   **Какие?**

                Какой это дом? – Это красивый дом.
                Какая это машина? – Это новая машина.
                Какое это окно? – Это большое окно.
                Какие это журналы, газеты, письма? – Это интересные журналы,
                                                            газеты, письма.

Dictionaries give as a basic form the singular nominative of the masculine of the adjective.
The adjectives have the following endings in the nominative :

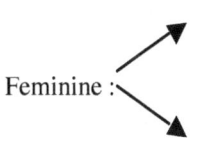
- **ый**. The hard ending. Most masculine adjectives have this ending :
  Красивый, интересный, новый
- **ий**. The soft ending. A small group of adjectives have this ending.
  This ending must also be used after the consonants :
  Г, К, Х, Ж, Ш, Ч, Щ
  Последний, синий, русский, хороший
- **òй**. This ending is always accentuated.
  Большòй, молодòй

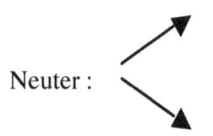
- **ая**. The hard ending. Most female adjectives have this ending.
  Красивая, интересная, новая
- **яя**. The soft ending.
  Последняя, синяя

- **ое**. The hard ending.
  Красивое, интересное, новое
- **ее**. The soft ending. This ending is also used after
  Ж, Ш, Щ, Ч when it is not accentuated.
  Послèднее, синее, хорòшее

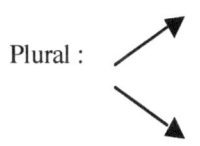
- **ые**. The hard ending.
  Красивые, интересные, молодые
- **ие**. The soft ending.
  This ending must also be used after the consonants:
  Г, К, Х, Ж, Ш, Ч, Щ
  Последние, синие, русские, хорошие, большие

If the basic form of the masculine adjective in the nominative has the hard ending, the forms of the female, the neutral and the plural also have hard endings. If the masculine adjective has a soft ending, the female, neutral and the plural also have soft endings. Pay attention to the consonants **Г, К, Х, Ж, Ш, Ч, Щ**. After these consonants, the vowel «ы» will always be replaced by «и».
In the neutral, if the ending is not accentuated and follows the consonants **Ж, Ш, Щ, Ч**, the ending should be «ее».

Here is the table of endings :

	Singular						Plural	
	Masculine Какой?		**Feminine** Какая?		**Neuter** Какое?		**Какие?**	
Hard endings	Новый Молодой	-ый -ой	Новая Молодая	-ая	Новое Молодое	-ое	Новые Молодые	-ые
Endings after Г, К, Х, Ж, Ш, Ч, Щ	Русский Хороший Большой	-ий -ой	Русская Хорошая Большая	-ая	Русское Хорошее Большое	-ое -ее -ое	Русские Хорошие Большие	-ие
Soft endings	Последний	-ий	Последняя	-яя	Последнее	-ее	Последние	-ие

2. The ordinal numerals (see table in the manual p.70)
Ordinal numerals have similar endings to adjectives. They agree with the substantive

Первый дом. Первая книга. Первое окно. Первые фильмы.

In the ordinal compounds, only the last part changes.

Двадцать четвёртый. Двадцать четвёртая. Двадцать четвёртое. Двадцать четвёртые.

3. Demonstrative pronouns
Used to show what is :

	Masculine	Feminine	Neuter	Plural
Close :	Этот	Эта	Это	Эти
Distant :	Тот	Та	То	Те

- Какая книга есть в магазине? – Эта.
- Какие студенты знают русский язык? – Те.

УПРАЖНЕНИЯ / EXERCICES

А. Ask the questions : Какой? Какая? Какое? Какие?
1. .... дом? 2. .... пальто? 3. .... журналы? 4. .... фирма?
5. .... фильм? 6. .... письмо? 7. .... мужчина? 8. .... документы?
9. .... номер? 10. .... гостиница? 11. .... ресторан? 12. .... квартира?

Б. Write the endings of adjectives :

M	F	N	Pl
1. Новый	Нов…	Нов…	Нов…
2. Красивый	Красив….	Красив….	Красив….
3. Старый	Стар…	Стар…	Стар…
4. Трудный	Трудн…	Трудн…	Трудн…
5. Молодой	Молод…	Молод…	Молод…
6. Большой	Больш…	Больш…	Больш…
7. Хороший	Хорош…	Хорош…	Хорош…
8. Маленький	Маленьк…	Маленьк…	Маленьк…
9. Лёгкий	Лёгк…	Лёгк…	Лёгк…
10. Последний	Последн…	Последн…	Последн…
11. Первый	Перв…	Перв…	Перв…
12. Двадцать второй	Двадцать втор…	Двадцать втор…	Двадцать втор…

В. Put the demonstrative pronouns: Этот город интересный, а тот неинтересный.
1. .... дом большой, а .... маленький. 2. .... книга французская, а ...... русская.
3. .... пальто красивое, а ...... некрасивое. 4. .... машины новые, а .... старые.
5. .... инженер работает на заводе, а .... в фирме. 6. .... гостиница уютная, а ..... неуютная. 7. ..... страна большая, а .... маленькая. 8. ..... дело важное, а .... неважное.

Урок 11 / Одиннадцатый урок   Lesson 11

Revision

A. Write the words in the correct form (lessons 7 and 9):
1. Каждое утро Виктор читает .... (газета)
2. Вечером я люблю смотреть ....(телевизор)
3. Студенты слушают .... (лекции)
4. Вчера мы смотрели интересный .... (фильм)
5. Завтра мы едем в .... (горы)
6. Утром Виктор идёт на .... (работа)
7. Секретарь читает .... (письмо)

Б. Write in the possessive form (lesson 7): Это мой брат. У меня есть брат.
1. Это моя дочь. ....
2. Это наши дети. ....
3. Это ваша машина? ....
4. Это твоё кресло. ....
5. Это их проблемы. ....
6. Это его собака. ....
7. Это её билеты. ....

В. Use the nouns in the prepositional case (lesson 8)
1. Где живёт сейчас Катя? .... (Америка, Денвер)
2. Где учится Ифа? ....…....(Бельгия, Брюссель)
3. Где работает Антонелла? .... (Россия, Петербург)
4. Где сейчас Виктор? ....…..(работа)
5. Где вы играете в теннис? ....(стадион)
6. У нас есть друзья ....(Сибирь)
7. Библиотека находится ....(центр)
8. Мы путешествовали .... (Европа)
9. Дедушка любит работать ....…..(сад)
10. Где твоя машина? ....…......(мост)

Г. Write the verbs ИДТИ or ЕХАТЬ (lesson 9)
1. - Ты .... на работу на велосипеде? - Нет, я .... пешком.
2. - Как вы .... на вокзал? - На метро.

Д. Give antonyms (lesson 10)
1. У вас маленькие дети? – Нет, ...
2. Это интересная книга? – Нет, ...
3. Это хороший компьютер? - Нет, ...
4. Вы читали трудный текст? - Нет, ...
5. У тебя новая машина?- Нет, ...
6. Это очень умная статья. - Нет, ...
7. У них молодая собака? - Нет, ...
8. Это твоя первая книга? - Нет, ...

Е. Ask the questions (Lesson 10)
1. ………. это дом? 2. …………. это здание? 3. ……………. книги есть в библиотеке? 4. …………. у него собака?

Ё. Write Этот/тот, эта/та, это/то, эти/те (lesson 10)
1. Где учится ………. студент? – В Брюсселе. А …………..? – В Москве. 2. Кто …….. девушка? - …… девушка - моя сестра. А ……..? - ……. – моя подруга. 3. Чьи ……. книги? –Мои. - А …….? – Твои. 4. Кто писал ………. письмо? – Я. А …….. – Не знаю.

Ж. Ask the questions (all lessons)
1. …………… вы идёте сегодня вечером? – В театр.
2. …………… вы были вчера вечером? – В ресторане.
3. …………… ты едешь на работу? - На машине.
4. …………… Игорь играл в теннис? – Вчера.
5. ………………….. утром? – Я работал.
6. ………… это пальто? – Это моё пальто.
7. ………. по профессии ваши друзья? – Они архитекторы.
8. ………. его зовут? – Его зовут Антон.
9. ………. ты читаешь? – Газету.
10. ………. Татьяна играет в теннис? – Хорошо.
11. ……….. фильм вы смотрели? – Французский.

З. Put the phrases in the plural (all lessons)
1. Студентка слушает лекцию. …………………………………………………………….
2. Это их друг. ……………………………………………………………………………….
3. Вчера я писал упражнение. ……………………………………………………………..
4. Бельгийский инженер едет в Петербург. ………………………………………………
5. Где училась ваша дочь? …………………………………………………………………
6. Где находится магазин? …………………………………………………………………
7. Этот русский фильм очень интересный, а тот скучный. ……………………………..
8. Вчера турист был на экскурсии. ………………………………………………………..

Ключи к упражнениям | Keys to exercices

Lesson 1

A. Ask the questions: Кто это? Что это?
1. Что это? 2. Что это? 3. Кто это? 4. Кто это? 5. Что это? 6. Кто это? 7. Что это?
8. Что это 9. Кто это? 10. Кто это? 11. Что это? 12. Кто это? 13. Что это? 14. Кто это?
15. Что это? 16. Кто это? 17. Что это? 18. Кто это? 19. Кто это?

Д. Determine the gender by using ОН ОНА ОНО.
1. ОНА 2. ОН 3. ОН 4. ОН 5. ОНА 6. ОНА
7. ОНО 8. ОН 9. ОН 10. ОН 11. ОН 12. ОНО
13. ОНА 14. ОН 15. ОНА 16. ОН 17. ОН 18. ОНО
19. ОНО 20. ОНА 21. ОН 22. ОНА 23. ОНО 24. ОН

Е. Replace nouns by ОН ОНА ОНО ОНИ. Татьяна здесь? Да, она здесь.
1. ОН. 2. ОН. 3. ОНА. 4. ОНО. 5. ОНИ. 6. ОНА. 7. ОН. 8. ОНА 9. ОН 10. ОНИ 11. ОН
12. ОН 13. ОНА

Lesson 2

A. Answer the questions by using the first names : Иван, Татьяна, Дима, Ирина Викторовна, Катя и Саша
1. Как Вас зовут? **Ирина Викторовна**
2. Как тебя зовут? **Иван/Татьяна/Дима**
3. Как его зовут? **Иван/Дима**
4. Как её зовут? **Татьяна/ Ирина Викторовна**
5. Как их зовут? **Иван/Татьяна/Дима**
6. Как вас зовут? **Катя и Саша**

Б. Put the words in the plural
1. Столы 2. Рестораны 3. Магазины 4. Студенты 5. Документы 6. Билеты 7. Телефоны 8. Театры 9. Факты 10. Залы 11. Журналы
12. Факсы 13. Музеи 14. Герои 15. Трамваи 16. Кафетерии
17. Словари 18. Преподаватели 19. Представители 20. Портфели 21. Кассеты 22. Газеты
23. Машины 24. Комнаты 25. Фирмы 26. Квартиры 27. Кассы 28. Школьницы 29. Рекламы
30. Брошюры 31. Семьи 32. Организации 33. Станции 34. Делегации 35. Презентации 36. Дяди 37. Профессии 38. Тетради 39. Площади 40. Лошади 41. Карандаши 42. Банки 43. Гаражи
44. Врачи 45. Плащи 46. Книги 47. Ручки 48. Студентки 49. Окна 50. Письма 51. Кресла
52. Моря 53. Задания 54. Упражнения 55. Адреса 56. Директора 57. Дома 58. Паспорта
59. Профессора 60. Города 61. Братья 62. Стулья 63. Друзья 64. Мужья 65. Сыновья 66. Матери 67. Дочери 68. Люди 69. Дети 70. Пальто 71. Радио 72. Кафе 73. Такси

Lesson 3

A. Ask the questions: Это моё пальто. Чьё это пальто?
1. Чья … 2. Чей … 3. Чьё … 4. Чьи … 5. Чей … 6. Чьё … 7. Чьи … 8. Чьи … 9. Чья … 10. Чья …

Б. Write the possessive: Это я. Это мой дом.
(а) Мой. Моя. Моя. Мой. Мой. Мои. Моё. (б) Твой. Твоя. Твоя. Твоё. Твои. Твоя. (в) Его. (г) Её
(д) Наша. Наш. Наша. Наша. Наши. (е) Ваши. Ваши. Ваш. Ваш. Ваш. Ваша. (ё) Их

В. Answer affirmatively. Stress the possessive: - Это твоя книга? – Да, моя.
1. Да, мой. 2. Да, моя. 3. Да, его. 4. Да, наши. 5. Да, её. 6. Да, твоя. 7. Да, моя. 8. Да, наш.
9. Да, их. 10. Да, его.

Г. Answer: Чей это журнал? (я) – Это мой журнал.
1. Твой. 2. Моя. 3. Его. 4. Наши. 5. Её. 6. Его. 7. Их. 8. Ваши. 9. Мой. 10. Их.

Lesson 4

A. Write the pronouns:
1. Я. 2. Он/Она. 3. Мы. 4. Они. 5. Ты 6. Вы. 7. Он/Она. 8. Я. 9. Мы. 10. Они. 11. Ты.

Б. Answer the questions : Что делает Игорь? Он отдыхает, работает…
1. Читает. Играет. Слушает. Изучает. 2. Читают. Делают. Играют. 3. Разговаривает. Пишет. Слушает. 4. Пишем. Посылаем. Работаем. Делаем. 5. Повторяю. Разговариваю. Слушаю. Читаю.

В. Answer the questions : Виктор <u>читает</u>? – Да, Виктор читает.
                    Что он <u>делает</u>? – Он читает.
                    <u>Кто</u> читает? – Виктор.
1. Да, Анна пишет письмо. Она пишет письмо. Анна.
2. Да, Игорь читает документ. Он читает документ. Игорь.
3. Да, они играют в теннис. Они играют в теннис. Они.
4. Да, секретарь посылает факс. Он посылает факс. Секретарь.

Г. Ask questions relating to the underlined words : <u>Ирина</u> читает. – Кто читает?
                    Ирина <u>читает</u>. – Что делает Ирина?
1. Кто пишет мемуары? Что делает дедушка? 2. Что они делают? Кто слушает радио?
3. Кто думает? Что делает директор? 4. Что делают студенты? Кто отвечает?

Lesson 5

A. Conjugate the verbs:
1. Любить: люблю, любишь, любит, любим, любите, любят. 2. Смотреть: смотрю, -ишь, -ит, -им, -ите, -ят. 3. Говорить: -ю, -ишь, -ит, -им, -ите, -ят.

Lesson 6

A. Conjugate the verbs (lessons 4 and 5) :
1. Любить: я люблю, ты любишь, он/она любит, мы любим, вы/Вы любите, они любят.
2. Смотреть: я смотрю, ты смотришь, он/она смотрит, мы смотрим, вы/Вы смотрите, они смотрят.
3. Говорить: говорю, говоришь, говорит, говорим, говорите, говорят.
4. Читать: читаю, читаешь, читает, читаем, читаете, читают.
5. Слушать: слушаю, слушаешь, слушает, слушаем, слушаете, слушают.
6. Отдыхать: отдыхаю, отдыхаешь, отдыхает, отдыхаем, отдыхаете, отдыхают.
7. Работать: работаю, работаешь, работает, работаем, работаете, работают.
8. Думать: думаю, думаешь, думает, думаем, думаете, думают.
9. Понимать: понимаю, понимаешь, понимает, понимаем, понимаете, понимают.
10. Писать: пишу, пишешь, пишет, пишем, пишете, пишут.
11. Знать: знаю, знаешь, знает, знаем, знаете, знают.
12. Посылать: посылаю, посылаешь, посылает, посылаем, посылаете, посылают.
13. Спрашивать: спрашиваю, спрашиваешь, спрашивает, спрашиваем, спрашиваете, спрашивают.
14. Завтракать: завтракаю, завтракаешь, завтракает, завтракаем, завтракаете, завтракают.
15. Играть: играю, играешь, играет, играем, играете, играют.
16. Изучать: изучаю, изучаешь, изучает, изучаем, изучаете, изучают.
17. Делать: делаю, делаешь, делает, делаем, делаете, делают.
18. Получать: получаю, получаешь, получает, получаем, получаете, получают.
19. Обедать: обедаю, обедаешь, обедает, обедаем, обедаете, обедают.
20. Повторять: повторяю, повторяешь, повторяет, повторяем, повторяете, повторяют.
21. Ужинать: ужинаю, ужинаешь, ужинает, ужинаем, ужинаете, ужинают.
22. Разговаривать: разговариваю, разговариваешь, разговаривает, разговариваем, разговариваете, разговаривают.
23. Отвечать: отвечаю, отвечаешь, отвечает, отвечаем, отвечаете, отвечают.

Б. Write the personal and possessive pronouns (lessons 2 and 3) :
1. Он. 2. Его. 3. Её. 4. Она. 5. Их. 6. Их. 7. Его. 8. Он. 9. Их. 10. Её. 11. Она. 12. Их/её. 13. Её. 14. Меня. 15. Я. 16. Моя.

В. Write the interrogative pronouns (lesson 3) : Чей? Чья? Чьё? Чьи?
1. Чей. 2. Чья. 3. Чьё. 4. Чьи. 5. Чья. 6. Чьё. 7. Чей. 8. Чья. 9. Чей. 10. Чьи.

Г. Write the adverbs with the opposite meaning (lesson 5) :
1. Трудно. 2. Неинтересно. 3. Мало. 4. Неприятно. 5. Неправильно. 6. Плохо. 7. Некрасиво.
8. Медленно. 9. Недавно.

Д. Write in the plural (lesson 2) :
1. Журналы. 2. Газеты. 3. Окна. 4. Моря. 5. Портфели. 6. Тетради. 7. Книги. 8. Врачи. 9. Дома.
10. Метро. 11. Города. 12. Люди. 13. Братья. 14. Сёстры. 15. Дочери. 16. Паспорта. 17. Музеи.
18. Друзья. 19. Дети. 20. Семьи.

Е. Ask a question for the subject and give an answer (lesson 4) :
1. Кто пишет документ? Пётр. 2. Кто играет в теннис? Дети. 3. Кто разговаривает по телефону? Я. 4. Кто делает гимнастику? Они.

Ж. Ask questions to each word in the sentence (all lessons):
Вечером Антон хорошо отдыхает.
    1. Кто отдыхает вечером?
    2. Что делает Антон вечером?
    3. Когда Антон отдыхает?
    4. Как Антон отдыхает?

Lesson 7

А. Put the words in the accusative:
1. Журнал, роман, детектив, газету, письмо, документ, факс, брошюру.
2. Музыку, радио, рок, джаз, оперу.
3. Историю, химию, физику, математику, языки, политику.
4. Фильмы, балет, спектакль, пьесу, телевизор.
5. Письмо, книгу, роман, факс, сценарий, документ.
6. Спорт, книги, астрологию, машины, пиво, шампанское, музыку.

Б. Put the pronouns in the correct form :
1. У меня. 2. У него. 3. У нас. 4. У тебя. 5. У вас. 6. У них. 7. У неё. 8. У вас.

Г. Write: один/одна/одно/одни
1. один. 2. одна. 3. одни. 4. один. 5. одна. 6. одно.

Lesson 8

А. Put the preposition « В » or « НА ».
1. в 2. в 3. в 4. в 5. в 6. в 7. в 8. в 9. на 10. на 11. в 12. на 13. на 14. в 15. на 16. на 17. на 18. в 19. в 20. в 21. на 22. на 23. на 24. на 25. в 26. в 27. в 28. в 29. на

Б. Answer the questions :
1. В фирме 2. На море 3. В России 4. В библиотеке 5. На концерте 6. В ресторане 7. На вокзале
8. В аудитории 9. На площади 10. В горах 11. В газетах и журналах 12. В шкафу 13. На мосту
14. В саду 15. В аэропорту 16. На берегу 17. В лесу

В. Conjugate the verbs :
Встречаться: я встречаюсь, ты встречаешься, он/она встречается, мы встречаемся, вы/Вы встречаетесь, они встречаются.
Заниматься: я занимаюсь, ты занимаешься, он/она занимается, мы занимаемся, вы/Вы занимаетесь, они занимаются
Учиться: я учусь, ты учишься, он/она учится, мы учимся, вы/Вы учитесь, они учатся.

Г. Ask questions for underlined words: Где? Кто? Что? Что делает?

1. Кто читает? 2. Где учится Татьяна? 3. Что делает Максим? 4. Что пишет Ирина? 5. Где работает врач? 6. Что вы делаете? 7. Кто посылает факсы? 8. Что изучает Анатолий? 9. Где мы встречаемся? 10. Где находится театр? 11. Кто живёт в Бельгии? 12. Что читает Иван Иванович?

Lesson 9

A. Put the verbs in the past tense : Читать – читал – читала – читало – читали

Быть   - был – была – было - были
Работать – работал – работала – работало - работали
Говорить – говорил – говорила – говорило - говорили
Жить -   жил – жила – жило - жили
Отдыхать – отдыхал – отдыхала – отдыхало - отдыхали
Посылать – посылал – посылала – посылало - посылали
Встречаться – встречался – встречалась – встречалось - встречались
Учиться - учился – училась – училось - учились

Б. Answer the question:

1. Как Вы едете на работу?

На машине, на автобусе, на велосипеде, на метро, на поезде, на такси, на трамвае

В. Answer the question:

Куда ты идёшь сегодня вечером?

1. В театр 2. В кино 3. На концерт 4. На лекцию 5. Домой 6. На спектакль 7. На работу 8. В ресторан 9. В библиотеку

Куда вы едете утром?

1. На море 2. В Россию 3. В горы 4. В лес 5. На экскурсию 6. В аэропорт 7. На конференцию 8. В парк 9. На пляж

Г. Ask questions for underlined words: Виктор едет <u>на работу</u>. Куда едет Виктор?

1. Куда идёт Игорь? 2. Куда они едут? 3. Куда едет делегация? 4. Куда вы идёте гулять? 5. Куда вы идёте сегодня вечером?

Lesson 10

A. Ask the questions : Какой? Какая? Какое? Какие?

1. Какой? 2. Какое? 3. Какие? 4. Какая? 5. Какой? 6. Какое? 7. Какой? 8. Какие? 9. Какой? 10. Какая? 11. Какой? 12. Какая?

Б. Write the endings of the adjectives:

M	F	N	Pl
1. Новый	Новая	Новое	Новые
2. Красивый	Красивая	Красивое	Красивые
3. Старый	Старая	Старое	Старые
4. Трудный	Трудная	Трудное	Трудные
5. Молодой	Молодая	Молодое	Молодые
6. Большой	Большая	Большое	Большие
7. Хороший	Хорошая	Хорошее	Хорошие
8. Маленький	Маленькая	Маленькое	Маленькие
9. Лёгкий	Лёгкая	Лёгкое	Лёгкие
10. Последний	Последняя	Последнее	Последние
11. Первый	Первая	Первое	Первые
12. Двадцать второй	Двадцать вторая	Двадцать второе	Двадцать вторые

В. Put the demonstrative pronouns : Этот город интересный, а тот неинтересный.

1. Этот/тот 2. Эта/та 3. Это/то 4. Эти/те 5. Этот/тот 6. Эта/та 7. Эта/та 8. Это/то

Lesson 11

A. Write the words in the correct form (lessons 7 and 9) :
1. газету 2. телевизор 3. лекции 4. фильм 5. горы 6. работу 7. письмо

Б. Write in the possessive form (lesson 7) : Это мой брат. У меня есть брат.
1. У меня есть дочь. 2. У нас есть дети. 3. У вас есть машина? 4. У тебя есть кресло. 5. У них есть проблемы. 6. У него есть собака. 7. У неё есть билеты.

В. Use the nouns in the prepositional case (lesson 8)
1. В Америке, в Денвере 2. В Бельгии, в Брюсселе 3. В России, в Петербурге 4. На работе 5. На стадионе 6. в Сибири 7. в центре 8. в Европе 9. в саду 10. на мосту

Г. Write the verbs ИДТИ or ЕХАТЬ (lesson 9)
1. едешь - иду. 2. едете.

Д. Give antonyms (lesson 10)
1. большие 2. неинтересная 3. плохой 4. лёгкий 5. старая 6. глупая 7. старая 8. последняя

Е. Ask the questions (lesson 10)
1. какой 2. какое 3. какие 4. какая

Ё. Write Этот/тот, эта/та, это/то, эти/те (Lesson 10)
1. Этот - тот 2. Эта – эта - та - та 3. Эти –те 4. Это - то

Ж. Ask the questions (all lessons)
1. Куда 2. Где 3. Как 4. Когда 5. Что ты делал 6. Чьё 7. Кто 8. Как 9. Что 10. Как 11. Какой

З. Put the phrases in the plural (all lessons)
1. Студентки слушают лекции. 2. Это их друзья. 3. Вчера мы писали упражнения. 4. Бельгийские инженеры едут в Петербург. 5. Где учились ваши дочери? 6. Где находятся магазины? 7. Эти русские фильмы очень интересные, а те скучные. 8. Вчера туристы были на экскурсии.

CASES OF NOUNS

NOMINATIVE

Singular

Questions	ОН	ОНА	ОНО
Кто? Что?	Инженер Музей Санаторий Словарь	Сестра Семья Организация Тетрадь	Окно Море
	- Ø, - й, -ь	-а, -я, -ь	-о, -е

Plural

	ОН	ОНА	ОНО
	Инженеры Музеи Санатории Словари	Сёстры Семьи Организации Тетради	Окна Моря
	-ы, -и	-ы, -и	-а, -я

Exceptions:

Дом - дома
Город – города
Паспорт – паспорта
Адрес – адреса
Профессор – профессора
Директор - директора
Мать – матери
Дочь – дочери

Друг - друзья
Брат – братья
Стул - стулья
Сын - сыновья
Муж – мужья

Человек - люди
Ребёнок – дети

ACCUSATIVE

Singular

Questions	ОН	ОНА	ОНО
Что? Куда? (в/на)	Журнал Портфель Музей Санаторий	Книгу Почту Организацию Тетрадь	Письмо Море
	- Ø, - й, -ь	-у, -ю, -ь	-о, -е

Plural

	ОН	ОНА	ОНО
	Журналы Портфели Музеи Санатории	Страны Книги Тетради Лекции	Письма Маря
	-ы, -и	-ы, -и	-а, -я

PREPOSITIONAL

Singular				
Questions		ОН	ОНА	ОНО
Где? (в/на)		В столе В музее В словаре В санатории	На почте В семье На площади В России	В письме На море В здании
		- е, -ии	-е, -и, -ии	-е, -ии

Plural				
		В городах В музеях В санаториях В словарях	В газетах В семьях В организациях В тетрадях	На окнах В морях В зданиях
		-ах, - ях	-ах, -ях	-ах, -ях

Exceptions:	Где?		
		В аэропорту В шкафу На мосту	В саду На берегу В лесу	

ADJECTIVES: NOMINATIVE

ОН	ОНА	ОНО	ОНИ
КАКОЙ?	КАКАЯ?	КАКОЕ?	КАКИЕ?
Новый Красивый Большой Хороший Русский Последний	Новая Красивая Большая Хорошая Русская Последняя	Новое Красивое Большое Хорошее Русское Последнее	Новые Красивые Большие Хорошие Русские Последние
- ый - ий - ой	- ая - яя	- ое - ее	- ые - ие
Первый Второй Третий Этот Тот	Первая Вторая Третья Эта Та	Первое Второе Третье Это То	Первые Вторые Третьи Эти Те

NUMBERS

1 - од**и**н – п**е**рвый 2 - два – втор**о**й 3 - три – тр**е**тий 4 - чет**ы**ре – четвёртый 5 - пять – п**я**тый 6 - шесть – шест**о**й 7 - семь – седьм**о**й 8 - в**о**семь – восьм**о**й 9 - д**е**вять – дев**я**тый 10 - д**е**сять - дес**я**тый	11 – од**и**ннадцать – од**и**ннадцатый 12 – двен**а**дцать - двен**а**дцатый 13 – трин**а**дцать - трин**а**дцатый 14 – чет**ы**рнадцать - чет**ы**рнадцатый 15 – пятн**а**дцать - пятн**а**дцатый 16 – шестн**а**дцать - шестн**а**дцатый 17 – семн**а**дцать - семн**а**дцатый 18 – восемн**а**дцать - восемн**а**дцатый 19 – девятн**а**дцать - девятн**а**дцатый 20 – дв**а**дцать - двадц**а**тый
21 – дв**а**дцать од**и**н - дв**а**дцать п**е**рвый 22 – дв**а**дцать два - дв**а**дцать втор**о**й 30 – тр**и**дцать - тридц**а**тый 40 – с**о**рок - сороков**о**й 50 – пятьдес**я**т - пятидес**я**тый 60 – шестьдес**я**т - шестидес**я**тый 70 – с**е**мьдесят - семидес**я**тый 80 – в**о**семьдесят - восьмидес**я**тый 90 – девян**о**сто - девян**о**стый 100 – сто - с**о**тый	

33

Vera SMIRNOVA & Co-East-West Information Services

Russian language classes, translation, interpretation

Cours de langue russe, traduction, interprétariat

Avenue de la Chasse, 200
1040 Bruxelles, Belgique
Tél./Fax : 32 (0) 2 735 19 44
Tél.mobile : 32 (0) 473 94 01 75
e-mail : info@vs-ewis.com
Web : www.vs-ewis.com

The intensive class of the Russian language in Brussels - 30 hours takes place every year during the last two weeks of August

Le cours intensif de langue russe à Bruxelles – 30 heures – a lieu chaque année les deux dernières semaines du mois d'août

Russian language learning in Moscow

Les stages de langue russe à Moscou